まちごとチャイナ

Guangdong 010 Chaozhou

潮　州

名菜と茶
嶺南の「華都」

Asia City Guide Production

【白地図】潮州

CHINA
広東省

【白地図】潮州旧城

CHINA
広東省

【白地図】広済橋

CHINA
広東省

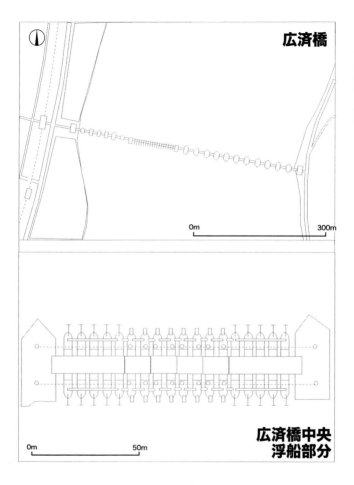

【白地図】韓文公祠

CHINA
広東省

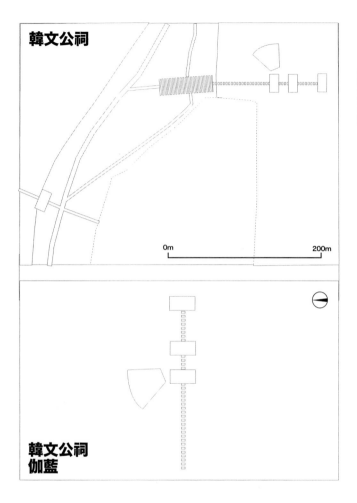

韓文公祠

韓文公祠伽藍

Chaozhou 白地図

【白地図】韓江東岸

CHINA
広東省

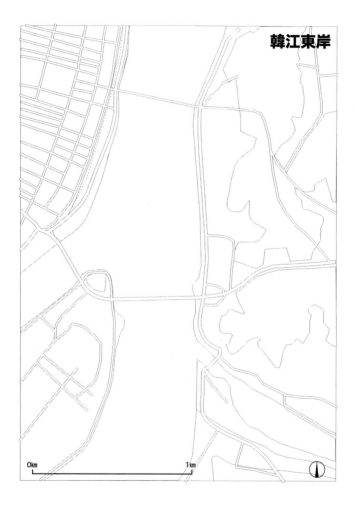

【白地図】旧城南部

CHINA
広東省

旧城南部

Chaozhou 白地図

【白地図】開元寺

CHINA
広東省

開元寺

Chaozhou

白地図

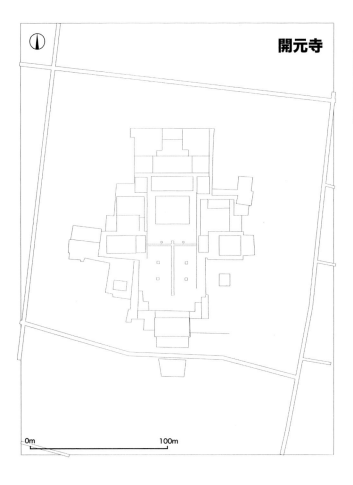

【白地図】旧城北部

CHINA
広東省

旧城北部

Chaozhou

白地図

【白地図】西湖公園

CHINA
広東省

【白地図】潮州新市街

CHINA
広東省

【白地図】潮州郊外

CHINA
広東省

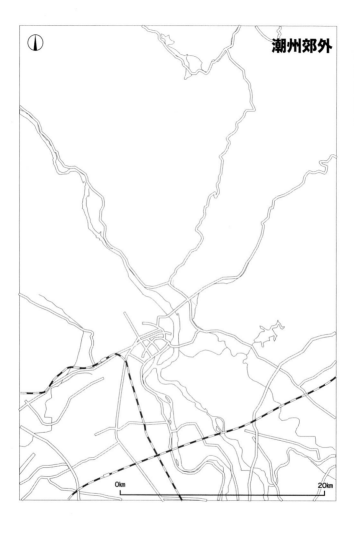

【まちごとチャイナ】

広東省 001 はじめての広東省

広東省 002 はじめての広州

広東省 003 広州古城

広東省 004 天河と広州郊外

広東省 005 深圳（深セン）

広東省 006 東莞

広東省 007 開平（江門）

広東省 008 韶関

広東省 009 はじめての潮汕

広東省 010 潮州

広東省 011 汕頭

CHINA
広東省

福建省山間部から広東省、南海へと流れる韓江のほとりに開け、「嶺南の真珠」「嶺海名邦」とたたえられる潮州。潮州を中心とする韓江デルタは、広州など他の広東省とは、言葉も文化も異なり、排他性と同族意識の強い独特の世界を形成してきた。

潮州は東晋の331年以来、広東省東部の中心となり、隋代の590年から潮州という名前が定着した。唐宋時代までは中央から遠く離れた嶺南の蛮地とされ、韓愈（768～824年）や李徳裕（787～849年）などの左遷先、流刑地という性格

Chao Zhou
潮州 Cháo zhōu チャオチョウ

をもっていた。一方、それゆえ中原の洗練された文化がいち早く伝わり、伝統工芸や食などで中国全土に広く知られる文化が育まれた。

　また潮州人は宋代から積極的に海に繰り出したことでも知られ、東南アジアのチャイナ・タウンや香港にも多くの潮州人が進出している。近代の1860年、韓江河口部の汕頭が開港されたことで、その繁栄をゆずり、現在、潮州は見事な広済橋や開元寺、韓文公祠の残る古都となっている。

【まちごとチャイナ】

広東省 010 潮州

目次

潮州	xxiv
粤東発潮流の数々	xxx
広済橋鑑賞案内	xlii
韓江東岸城市案内	lxii
韓愈左遷先の地で	lxxvi
旧城南部城市案内	lxxxiii
旧城北部城市案内	c
新市街城市案内	cxv
潮州郊外城市案内	cxxiv
潮州の歩み工芸潮州語	cxxx

【MEMO】

【地図】潮州

【地図】潮州の [★★★]
- [ ] 広済橋 广济桥 グゥアンジイチャオ
- [ ] 韓文公祠 韩文公祠 ハァンウェンゴォンツウ
- [ ] 潮州牌坊街（太平路）潮州牌坊街 チャオチョウパイファンジエ

【地図】潮州の [★★☆]
- [ ] 潮州旧城 潮州旧城 チャオチョウジィウチャァン
- [ ] 韓江 韩江 ハァンジィアン
- [ ] 鳳凰塔 凤凰塔 フェンフゥアンタア
- [ ] 開元寺 开元寺 カァイユゥエンスウ
- [ ] 青龍古廟 青龙古庙 チィンロォングウミィアオ

【地図】潮州の [★☆☆]
- [ ] 鳳凰台 凤凰台 フェンフゥアンタァイ
- [ ] 西湖公園 西湖公园 シイフウゴォンユゥエン
- [ ] 潮州新市街 潮州新城 チャオチョウシィンチャァン
- [ ] 潮楓路 潮枫路 チャオフェンルウ
- [ ] 人民広場 人民广场 レンミィングゥアンチャァン
- [ ] 新橋路 新桥路 シィンチャオルウ

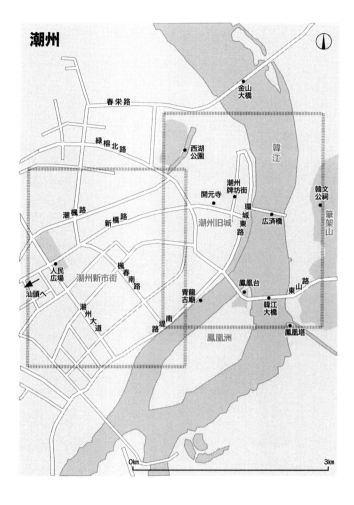

粤東発
潮流の
数々

CHINA
広東省

嶺海名邦、海濱鄒魯などの言葉で語られる古都
潮州語を紐帯とした独特の仲間意識
各地にチャイナ・タウンを築いた潮州人の故郷

韓江デルタの世界

背後に山を抱え、海に面した地形から、韓江デルタは陸の孤島とも言える様相を呈し、潮州の独自性がかたちづくられた。宋（960～1279年）代、隣接する福建省漳州界隈からの大規模な移住もあって、潮州一帯では広東語とはまったく異なる潮州語が話されている（潮州語は福建省南部の閩南語に近く、潮州人は福建省からの来た人たちという意味の「福佬」とも呼ばれる）。この地方は南宋時代になっても、異民族の風俗が残り、中央から派遣された官吏によって「潮州の服装が漢族化された」という記録も残っている。当時の潮州では

髪を三つ編みにする女性や、白の斎服姿が見られたという。また祖先を同一とする宗族が発達し、同族意識、団結心、排他性が強く、大峰祖師をまつった互助組織の「善堂」、扶乩という「占い」、巾山・明山・独山を信仰する三山国王廟といった「この地方独特の信仰」も見られる。韓江デルタの潮州人は、珠江デルタの広東人に対して強い対抗心をもつという。

冒険的潮州人

清代の『鹿洲公案』には「(潮州人は) 三人五人と集ればすぐ組をつくり、一言二言しゃべる間にもう意気投合して働き

CHINA
広東省

（海賊行為）に出る」という潮州人気質が記されている。福建省から広東省東部にかけては山がちで、海に面した地理ということもあって、古くから潮州人を外の世界へと向かわせた（潮州商人は隣接する漳州商人や泉州商人とともに、中国東南沿岸部の交易を担ってきた）。潮州人の東南アジアへの移民は宋代ごろからはじまったと言われ、福建人、広東人、客家人、海南人ととも華僑の代表格と知られる。明代、海賊として名をはせた林道乾が潮州地方から2000人をひきいてタイ南部のパタニに移住したほか、タイのトンブリ王朝を樹立したタクシンは潮州人を父にもち、街づくりにあたって多

▲左　旬の食材をあっさりとした味つけで調理する。　▲右　中国四大名橋のひとつ広済橋は潮州のシンボル

くの潮州人を都バンコクに呼び寄せている。またアヘン戦争以後にイギリスに割譲された香港でも、潮州人が多く進出し、魔窟九龍城に暮らす住人や上環の貿易商人「南北行」として知られた。潮州人は30を超える国や地域に分布し、タイのチャイナ・タウンでは潮州語が話され、潮州料理が食べられる。

豊かな飲食文化

エビやカニ、カキ、黄魚、フカ、ヒラメ、タチウオといった魚介類、潮汕平野が育む季節ごとの物産、韓江を通じて運ばれる山の幸。潮州料理ではたくみな包丁さばきで素材を美し

CHINA
広東省

く見せ、豊富な山海の珍味をあっさりとした味つけで調理する（広東料理の一派）。南海の絶壁から採取し、糸状にほぐしてスープと食べる「燕の巣（燕窩）」、しょうがやネギで臭みをとって仕上げる「フカヒレ（魚翅）」はじめ、「ナマコ（海参）」「アワビ（干鮑）」などを使う、出汁にこだわった高級料理。街角では、その日に仕入れた魚介類を軒先にならべてその場で調理する「海鮮」、揚げたガチョウを綺麗に盛りつけた「潮州焼雁鵝」、華やかな「野菜の飾り切り」、鉄の棒で牛肉をたたいてつくった肉団子を茹でる「牛肉丸」のほか、北方の古い食文化を今に伝えるという「犬肉」（犬を狩猟に

▲左　街歩きの楽しい潮州旧市街。　▲右　屋根のど派手な装飾は福建省南部と共通する様式

使う北方民族の支配後、華北では犬食文化はなくなった）、この地方のオレンジ「潮州柑」なども食べられている。また潮州料理同様に、潮州人の茶好きは「茶で身を滅ぼす」ほどと言われ、『鳳凰水仙』『鳳凰単欉』が親しまれている。

潮州の構成

韓江デルタは韓江の土砂によって形成され、その頂点部に潮州があり、そこから河口部はいく筋もの流れにわかれる。韓江にかかるのが潮州の象徴とも言える「広済橋」で、そのほとりに楕円形をした「潮州旧城」が位置する。碁盤の目状の

CHINA
広東省

街区をもつ潮州旧城には、「牌坊街」「開元寺」などが残り、また韓江をはさんだ東岸には「韓公祠」や「鳳凰塔」が立つ（旧城北西の「西湖」は、潮州の人びとにとっての憩いの場となってきた）。アヘン戦争以後の1858年に潮州の開港が決まると、西欧諸国はより海運に便利な韓江デルタ南端の「汕頭」に拠点をおき、潮州の繁栄は汕頭にとって替わられることになった。一方、潮州では旧城の西側に「新市街」が築かれ、こちらは細い路地がめぐる旧城と違って自動車が走り、高層ビルも見られる。潮州から汕頭までは35kmほど離れていて、その中間に中国版新幹線こと高鉄の潮汕駅が位置する。

【MEMO】

【地図】潮州旧城

【地図】潮州旧城の ［★★★］
- ☐ 広済門城楼 广济门城楼 グゥアンジイメンチャンロウ
- ☐ 広済橋 广济桥 グゥアンジイチャオ
- ☐ 韓文公祠 韩文公祠 ハァンウェンゴォンツウ
- ☐ 潮州牌坊街（太平路）潮州牌坊街
  チャオチョウパイファンジエ

【地図】潮州旧城の ［★★☆］
- ☐ 潮州旧城 潮州旧城 チャオチョウジィウチャァン
- ☐ 韓江 韩江 ハァンジィアン
- ☐ 開元寺泰仏殿 开元寺泰佛殿
  カイユゥエンスウタイフウディエン
- ☐ 鳳凰塔 凤凰塔 フェンフゥアンタア
- ☐ 開元寺 开元寺 カァイユゥエンスウ
- ☐ 青龍古廟 青龙古庙 チィンロォングウミィアオ
- ☐ 胡栄泉 胡荣泉 フウロォンチュゥエン
- ☐ 海陽県儒学宮 海阳县儒学宫
  ハァイヤァンシィエンルウシュエゴォン

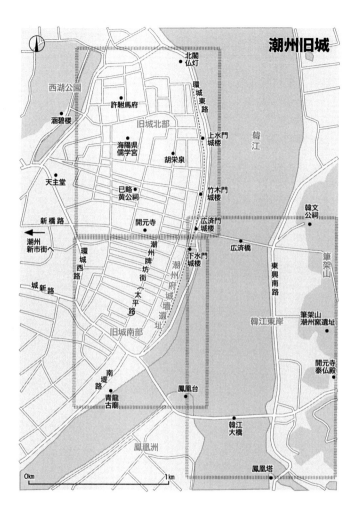

【地図】潮州旧城

【地図】潮州旧城の ［★☆☆］
- ☐ 潮州府城墻遺址 潮州府城墙遗址 チャオチョウフウチャンチィアンイイチイ
- ☐ 筆架山潮州窯遺址 笔架山潮州窑遗址 ビイジィアシャンチャオチョウヤオイイチイ
- ☐ 鳳凰台 凤凰台 フェンフゥアンタァイ
- ☐ 已略黄公祠 已略黄公祠 イイエエフゥアンゴォンツウ
- ☐ 許駙馬府 许驸马府 シュウフウマアフウ
- ☐ 北閣仏灯 北阁佛灯 ベイガアフウダァン
- ☐ 西湖公園 西湖公园 シイフウゴォンユゥエン
- ☐ 涵碧楼 涵碧楼 ハァンビイロォウ
- ☐ 天主堂 天主堂 ティエンチュウタァン

【MEMO】

Guide, Guang Ji Qiao
広済橋
鑑賞案内

CHINA
広東省

「潮の州、大海、其の南に在り」
韓江にかかる見事な可動橋は
潮州の象徴にして中国を代表する名橋

潮州旧城 潮州旧城 cháo zhōu jiù chéng
チャオチョウジィウチャァン [★★☆]

広東省東部（粵東）を流れる韓江のほとりに開けた潮州旧城。古くからの漢民族の南方進出の拠点で、東晋の331年に街ができ、隋代の590年に韓江で見られる潮汐から、潮州という名前がつけられた（韓江下流のこの地では干満の差が見られ、潮流によって広済門の浮き橋部分は上昇する）。韓江に面した東門「広済門城楼」が潮州の表玄関にあたり、そこから西側に楕円形の潮州旧城が広がる。津波や海賊をさけるため、韓江河口部からさかのぼった河川港となっていて、唐代には

Chaozhou 広済橋鑑賞案内

外国人居住区もあったという。現在の潮州旧城は碁盤の目をもち、太平路や東平路、西平路などの南北の通りを軸に、そこから東西に細い路地が無数に走る。また広東省や福建省に分布する、雨風を避けるための「騎楼（アーケード）」も見られる。あたりでは棉が産出されたこともあって、この街の雅名を「棉城」と言った。

【MEMO】

CHINA
広東省

広東省

広済門城楼 广济门城楼 guǎng jì mén chéng lóu
グゥアンジイメンチャンロウ [★★★]

広済門城楼は潮州旧城の東門で、7つある門のうち、言わば正門の役割を果たしてきた。物資や人を運ぶ大動脈の韓江にのぞむことから「韓江楼」とも、「東門楼」とも言う。明の1370年に建設され、城壁のうえには三層の楼閣が載り、高さは24.43mになる（壁面は紅で彩られ、屋根の四隅はせりあがっている）。現在の広済門城楼は1931年に再建されたもので、「東為万春」の扁額がかかる。

▲左　潮州旧城と韓江を結ぶ広済門城楼。　▲右　天后宮では海の守り神媽祖をまつる、潮州は港町でもあった

潮州府城墻遺址 潮州府城墙遗址 cháo zhōu fǔ chéng qiáng yí zhǐ チャオチョウフウチャンチィアンイイチイ［★☆☆］

潮州旧城の縁をぐるりと楕円形に走っていた城壁のうちの、一部が整備された潮州府城墻遺址。潮州には宋代の1053年には土壁があったとされ、当時、金山の「子城（官吏たちが暮らした）」と、街全体をとり囲む「外城」の二重の城壁がめぐり、合計11の城門があった。明代、潮州府城となって街の再整備が進み、11の門は7つになって、現在の潮州旧城の原型ができあがった。韓江にそうようにして走る潮州府城墻遺址は2002年に改修され、「広済門」「上水門」「竹木門」

CHINA
広東省

「下水門」の4つの城楼が残る。

天后宮 天后宫
tiān hòu gōng ティエンホォウゴォン [★☆☆]

広済門城楼のそばに立つ「海の守り神」媽祖をまつった天后宮。このあたりはちょうど韓江を遡行してきた船が集まる場所に近く、長江下流域から東南アジアまでを往来する潮州人船乗りたちの信仰を集めた（媽祖は宋代の福建省に実在した巫女で、海上交易の高まりとともに地位をあげ、最終的に「天の后」となった）。この天后宮は元（1271〜1368年）代の

▲左 この地方の伝統建築が見られる潮州饒宗頤学術館。 ▲右 潮州旧城にて、奥には下水門城楼がそびえる

創建で、屋根には閩南、潮汕地方で見られる派手な装飾がほどこされている。

潮州饒宗頤学術館 潮州饶宗颐学术馆
cháo zhōu ráo zōng yí xué shù guǎn
チャオチョウラオゾォンイイシュゥエシュウグゥアン[★☆☆]

潮州出身の学者で、経学、史学、考古学、文学、書画など多方面で活躍した饒宗頤にまつわる潮州饒宗頤学術館。現在は粤東考古中心がおかれ、白の漆喰壁と黒の屋根瓦をもつ伝統的な建築となっている。

広東省

韓江 韩江 hán jiāng ハァンジィアン [★★☆]

福建省の武夷山脈から、広東省を通って南海へとそそぐ全長470kmの韓江。潮州は韓江三角州の頂点部に位置し、ここからいく筋もの流れにわかれる。古くから海岸地帯と大埔や汀州といった山岳部の物資を運ぶ大動脈となり、河川港の潮州から海上へと道は続いていた。潮州という名前は、この韓江の「潮汐」に由来するほか、「悪渓」と呼ばれていたこの流れはワニ退治を行なった韓愈にちなんで「韓江」と呼ばれるようになった。韓江の運ぶ土砂で形成された潮汕平原では、米やサトウキビなど豊かな農産物が収穫される。

広済橋鑑賞案内

韓江の流れがつくった世界

福建省側を上流とする汀江と、広東省側を流れる梅江というふたつの流れが大埔近くで合流して、そこから下流を韓江と呼ぶ。韓江は潮州で枝わかれして南海にそそぎ、いく筋もの川筋それぞれに港があった（近代以降は汕頭が最大の港湾都市となった）。歴史的に潮州と呼ばれた地域は、この韓江の流れにそった地域を指し、上流の梅県は1732年まで潮州府に属していた。そして、この潮州一帯で話されてきたのが潮州語で、韓江上流部の大埔でのみ、客家語が話されている（潮州の北側に隣接した梅県、大埔などの山岳部には、古い中原

の言葉を伝える客家が暮らし、潮州語とは通じないという)。内陸山間部は交通の不便なところから、海上へ続く韓江の水運が経済の大動脈となった。

濱江長廊 滨江长廊 bīn jiāng cháng láng
ビィンジィアンチャァンラァン［★☆☆］

濱江長廊は、潮州旧城の東側、韓江にそって続く全長2.6kmの遊歩道。西側の潮州府城墻遺址に並行するように続き、緑地が整備され、人びとの憩いの場となっている。

▲左　中央の浮船がとり去られた状態の広済橋。　▲右　橋に立つ24の楼閣はひとつひとつ姿が異なる

広済橋 广济桥 guǎng jì qiáo グゥアンジイチャオ ［★★★］

韓江の東西岸を結ぶ全長518m、橋幅11m、世界でもっとも早くにかけられた稼働橋の広済橋。長さ283mの東橋、長さ137mの西橋がそれぞれ両岸から川面に向かって伸び、中央には18艘の浮船が続く。この広済橋は1171年に潮州太守の曾江が整備したのがはじまりで、当時は86の船をならべる浮き橋だった。その後、潮州に赴任した太守たちによって、東西から橋の再建が進み、東橋の架橋に15年、西橋の架橋に56年の月日を要して1226年に完成した。現在の広済橋の姿になったのは明代の1513年で、やがて24の橋桁上にそれ

【地図】広済橋

【地図】広済橋の [★★★]
- [ ] 広済門城楼 广济门城楼 グゥアンジイメンチャンロウ
- [ ] 広済橋 广济桥 グゥアンジイチャオ

【地図】広済橋の [★★☆]
- [ ] 韓江 韩江 ハァンジィアン

【地図】広済橋の [★☆☆]
- [ ] 潮州府城墻遺址 潮州府城墙遗址 チャオチョウフウチャンチィアンイイチイ
- [ ] 天后宮 天后宫 ティエンホォウゴォン
- [ ] 潮州饒宗頤学術館 潮州饶宗颐学术馆 チャオチョウラオゾォンイイシュゥエシュウグゥアン
- [ ] 濱江長廊 滨江长廊 ビィンジィアンチャァンラァン

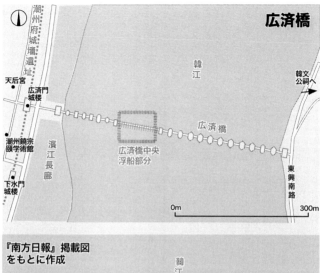

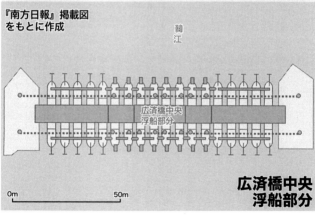

CHINA
広東省

ぞれ楼閣がたち、18艘の浮船がならべられた。その後、いく度も破壊と再建を繰り返し、「済川橋」という名前だった当初の橋名も、明代には「広済橋」、清代に「湘子橋」とあらためられ、現在は「広済橋」の名前で呼ばれている。広済橋のもうひとつの名前の湘子橋は、橋の建設が唐代の神仙韓湘子の手によるという説話にちなみ、近くには湘子廟と寧波寺も立つ。また広済橋は北京の盧溝橋、石家荘近郊の趙州橋、泉州の洛陽橋とともに中国四大名橋にあげられる。

▲左　橋中央部、浮船を連結させている。　▲右　韓江を鎮めるための鉄牛

橋をかける

福建省から広東省東部にかけては、山間部から海へいたるまでの川の流れが急で、閩江や韓江といった水系ごとに独自の文化や方言が形成された（黄河や長江のような大河にならない）。そのため、この地方の橋では水の力をやわらげるために、橋桁の上流側を鋭角にしたり、浮き橋にしたりといった工夫がされてきた。橋をかけることで人やものの往来が活発になり、経済効果があることから、学者や官吏、仏教僧などが橋をかける公共事業にあたった（奈良時代の日本の行基も、こうした事業にあたっている）。広済橋が 1226 年に完成したと

CHINA
広東省

き、潮州から漳州までの街道は石で舗装されたという。

24の楼閣

広済橋を支える24の橋桁上には、それぞれ24の楼閣が立つ。色は統一されているものの、そのいずれも異なるかたちをしているのが特徴で、かつては失われていたこれらの楼閣は21世紀に入ってから再建された。

18艘の浮船

広済橋の中央にならぶ18艘の浮船は、いくつかの理由から

Chaozhou 広済橋鑑賞案内

このかたちになった。まず韓江の急な流れに橋桁が傷まないよう中央部は浮船とし、また可動橋にすることで韓江を往来する大型船を通すことができた。韓江で見られる潮汐が潮州の地名にもなったように、海の影響を受け、年3.7mもある干満の差に対応するといった目的もあった。春ごろ、浮き橋が上昇する「湘橋春漲」は潮州の風物詩として知られる。

韓江を見守る鉄牛

広済橋の中央部には、流れの安静、治水や安全な通行を願って鉄牛がおかれている。清代の雍正年間（1722〜35年）、

CHINA
広東省

広済橋で火事が起きたことをきっかけに、張自謙によって鋳造された。五行思想や易、八卦では牛や鉄は、「鎮河水」をつかさどる。

Guide,
Han Jiang Dong An
韓江東岸
城市案内

CHINA
広東省

潮州を流れる韓江の河川名は
唐代の文人韓愈からとられている
韓愈をまつる韓文公祠や鳳凰塔が立つ

韓文公祠 韩文公祠 hán wén gōng cí
ハァンウェンゴォンツウ ［★★★］

潮州旧城をのぞむように、韓江東岸の笔架山麓に立つ韓文公祠。ここにまつられた韓愈（768～824年）は唐宋八大家のひとりにあげられる文人で、819年、儒教を重んじる立場から廃仏を上奏したために皇帝の怒りを買い、潮州に左遷された。左遷先の潮州でワニ退治や教育事業、農業に力を入れ、やがて韓愈は潮州で神格化されるようになった。韓文公祠は北宋時代（999年）に城内金山麓の夫子廟（文廟）に建てられたのがはじまりで、1090年に旧城南郊外で再建され、蘇

【MEMO】

【地図】韓文公祠

【地図】韓文公祠の [★★★]
- ☐ 韓文公祠 韩文公祠 ハァンウェンゴォンツウ
- ☐ 広済橋 广济桥 グゥアンジイチャオ

【地図】韓文公祠の [★☆☆]
- ☐ 韓江 韩江 ハァンジィアン

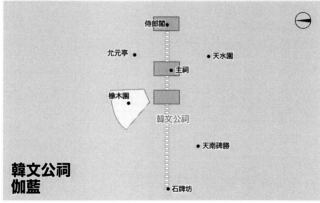

【地図】韓江東岸

【地図】韓江東岸の ［★★★］
- ☐ 韓文公祠 韩文公祠 ハァンウェンゴォンツウ
- ☐ 潮州牌坊街（太平路）潮州牌坊街 チャオチョウパイファンジエ
- ☐ 広済門城楼 广济门城楼 グゥアンジイメンチャンロウ
- ☐ 広済橋 广济桥 グゥアンジイチャオ

【地図】韓江東岸の ［★★☆］
- ☐ 開元寺泰仏殿 开元寺泰佛殿 カイユゥエンスウタイフウディエン
- ☐ 鳳凰塔 凤凰塔 フェンフゥアンタア
- ☐ 青龍古廟 青龙古庙 チィンロォングウミィアオ
- ☐ 開元寺 开元寺 カァイユゥエンスウ
- ☐ 潮州旧城 潮州旧城 チャオチョウジィウチャァン
- ☐ 韓江 韩江 ハァンジィアン

【地図】韓江東岸の ［★☆☆］
- ☐ 筆架山潮州窯遺址 笔架山潮州窑遗址 ビイジィアシャンチャオチョウヤオイイチイ
- ☐ 鳳凰台 凤凰台 フェンフゥアンタァイ
- ☐ 潮州府城墻遺址 潮州府城墙遗址 チャオチョウフウチャンチィアンイイチイ

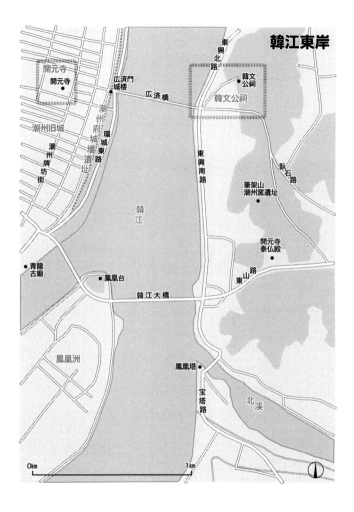

CHINA
広東省

東坡が「潮州韓文公廟碑」を記している（北宋の名官吏蘇東坡もまた嶺南に左遷されたことがあった）。1189年、韓江東岸の現在の場所に遷され、笔架山の斜面にそうように伽藍が展開する。階段上におかれた「韓祠広場石書」、石牌坊からなかに入ると、東側に書の飾られた長廊が続く「天南碑勝」、韓愈像をまつる「主祠」、中腹西側の「允元亭」、東側の「天水園」、堂々としたたたずまいの「侍郎閣」へと続く。韓文公祠奥部の「侍郎閣」からは韓江の流れと対岸に位置する潮州旧城が見渡せる。

▲左　唐代を代表する文人の韓愈、潮州に左遷された。　▲右　鳳凰台のあたりは公園として整備されている

筆架山潮州窯遺址 笔架山潮州窑遗址 bǐ jià shān cháo zhōu yáo yí zhǐ ビイジィアシャンチャオチョウヤオイイチイ［★☆☆］

筆架山潮州窯遺址は、潮州で使う陶磁器の焼かれた宋代の窯跡。唐代の窯跡は潮州旧城西側に残り、宋（960〜1279年）代になって韓江対岸の百窯村と呼ばれるこのあたりで焼かれるようになった。最大の10号窯は長さ78m、幅3mの規模で、杭州を都とする南宋では、潮州の陶磁器が海外に輸出されていた。当時、潮州は「広東陶磁の都」と呼ばれていたという。

広東省

開元寺泰仏殿 开元寺泰佛殿 kāi yuán sì tài fú diàn
カイユゥエンスウタイフウディエン ［★★☆］

韓江東岸に立つタイ式仏教寺院の開元寺泰仏殿。東南アジアに進出していた潮州華僑の資金をはじめとする400万元をかけて建てられ、1992年に完成した（1978年の改革開放以来、潮汕地域では華僑の投資が呼び込まれた）。高さ17.6mの大殿は「山」の字型となっていて、タイ仏教で見られる金色の仏像を安置する。

▲左 タイ様式で建てられた開元寺泰仏殿。　▲右　潮州旧城からも見える鳳凰塔

潮州人とタイ

宋 (960 〜 1279 年) 代ごろから潮州人は東南アジアに進出し、とくに 1722 年以降、中国の人口増に応えるためにタイ米が輸入され、その海上輸送を潮州人が一手にひき受けた。この時代、ビルマがタイに侵攻して都アユタヤが陥落したが、潮州人の力を借りたタクシン（鄭昭、在位 1767 〜 82 年）が奪還してバンコク対岸にトンブリ朝を開いている（1776 年、シャム国の鄭昭として清朝から承認された）。タクシンが街づくりに潮州人を呼び寄せたこともあり、多くの潮州人がタイに進出して富を築き、政治、経済、社会の上層部に位置す

ることから、「ロイヤル・チャイニーズ(王室華僑)」とも呼ばれる。こうした経緯もあって、潮州人華僑の築いたバンコクのチャイナ・タウンでは潮州料理が食べられ、潮州語が話されるほか、他の華僑は取引のために潮州語を学ぶのだという。

鳳凰塔 凤凰塔 fèng huáng tǎ フェンフゥアンタア [★★☆]
潮州旧城の南東対岸の砂上にそびえる鳳凰塔。もともと仏教寺院に付属した仏塔で、鳳凰塔という名前は潮州北郊外の(遠くに対峙する)潮州鳳凰山から名づけられた。ほかに韓江に

浮かぶ船のようなたたずまいの「塔院維舟」、近くにあった龍求湫泉にちなむ「龍湫宝塔」といった名称でも知られる。現在の鳳凰塔は明の万暦年間(1518〜85年)に官吏の郭子章が韓江の洪水を鎮めるために建てたもので、高さ47.72m、七層八角の姿を見せる。この鳳凰塔の北側を流れる北渓は水量が少なく、しばしば干あがることから涸渓とも呼ばれる(鳳凰塔が流れを干あがらせると解釈され、涸渓塔ともいう)。

広東省

鳳凰台 凤凰台
fèng huáng tái フェンフゥアンタァイ［★☆☆］

韓江がつくった中洲上に残る鳳凰台は、明代の1568年に建てられた。潮州に赴任した知府の侯必登がここで遊んだと伝えられ、鳳凰台にちなんでこの砂州は鳳凰洲と呼ばれている。近くには「鳳凰洲公園」が位置するほか、三層八角の「奎閣」、海の守り神をまつる「天后宮」も見られる。文革期に破壊されたのち、20世紀末に現在の姿になった。

韓愈左遷先の地で

CHINA
広東省

韓愈は白居易とならぶ文人
8か月のあいだ潮州に左遷され
名政を行なったことからこの地方で信仰されている

韓愈とは

唐宋八大家の筆頭とされる韓愈（768〜824年）は、河南孟州に生まれた。長兄の韓会（740〜781年）に育てられて792年に進士となり、長安の朝廷で要職についたが、819年、韓愈52歳のとき廃仏に反対する立場をとって潮州に左遷された（韓愈は10歳のとき嶺南韶関への移住を余儀なくされ、また35歳のときに農作物の不作から納税の延期を唱えて広東省陽山に飛ばされているため、三度目の嶺南行だった）。韓愈は新しい詩のかたち「古文改革運動」で文壇をひきいた一方、思想面では儒教の立場から正しい統治のありかたを訴

Chaozhou 韓愈左遷先の地で

えた「(孟子以来の) 中興の大儒者」とされる。韓愈の儒教的立場は宋代に評価され、朱子学で活かさせることになった。韓愈は左遷先の潮州で8か月を過ごしたのち、穆宗(820〜824年)のときに再び、朝廷へ戻り、57歳でなくなっている。

韓愈の都落ち

仏教はインドから伝播した外来の宗教で、唐代に中国全土に広がった。都長安から遠くない鳳翔府法門寺の護国真身塔には仏舎利が納められ、「30年に一度、それを開帳すれば豊作となる」と信じられていた。仏骨を宮廷に迎えて供養しよう

CHINA
広東省

とした憲宗(長寿や現世の欲求を追求するといった仏教の立場)に対して、韓愈は中国伝統の儒教の立場から「仏骨を論ずる表」を上奏し、仏骨を焼いてその信仰をとめようとした(819年)。韓愈の上奏は憲宗の逆鱗にふれ、極刑を告げられたが、宰相や周囲の助けもあって、未開の嶺南の地である潮州への左遷が決まった。52歳の韓愈は都落ちにあたって、「一封朝に奏す九重の天/夕べに潮州に貶せらる路八千(朝、皇帝に奏上したら、夕方には潮州へ路八千の潮州へ)」という七言律詩を詠んでいる。左遷という言葉は、中国では伝統的に「右」を尊び、「左」を卑しんだことに由来する。

Chaozhou 韓愈左遷先の地で

▲左 良政を行なった韓愈は潮州で神格化された。　▲右 韓文公祠からの眺め、韓江の対岸が潮州旧城

韓愈のワニ退治

819年、左遷されて潮州刺史となった韓愈は、堤防を築き、農業を奨励し、教育に力を入れるなど潮州の内政にあたった。そのなかでも「悪渓（韓江）に船よりも大きなワニが棲み、西の池（西湖、当時は韓江とつながっていた）で住民や家畜に危害を加えている」という報告を住民から受けた。そこで韓愈は祭祀を行ない、『鰐魚を祭る文』を認め、「7日以内に海へ行かなければ、弓と毒矢で退治する」と宣言すると、ワニはいなくなって人びとに危害を加えることはなくなった（その晩、暴風雷雨が起き、水が枯れ、川が西に移動したと

広東省

もいう)。こうして潮州の人びとは韓愈に感謝し、悪溪は韓江と呼ばれて現在にいたる。実際、潮州ではその後もワニの被害があり、明代の永楽年間(1402～24年)に住民は毒薬と石灰を混ぜてワニの出没する池に投げ込み、ワニを退治したという。

流刑地として

黄河のほとりの中原に開けた中華王朝からすれば、嶺南の潮州は言葉も衣服も異なる最果ての「未開地」であった。唐宋時代には潮州は、官吏たちの左遷先であり、則天武后の機嫌

Chaozhou 韓愈左遷先の地で

▲左　近くには潮州華僑が建てた仏教寺院も見られる。　▲右　筆架山の斜面にそうように展開する韓文公祠

を損ねた「唐臨（7世紀の『冥報記』の著者）」はじめ、819年に「韓愈」が、847年に牛李の党争で敗れた「李徳裕」が、潮州に飛ばされている。流刑地として高級官吏が左遷されたゆえ、潮州には中原の洗練された文化や優秀な人材による統治がもたらされた（嶺南の基層文化はタイ系だとされるが、潮州は他の地域よりも早く漢族化されていった）。

Guide, Jiu Cheng Nan Fang
旧城南部城市案内

牌坊が連なる太平路
唐代以来の古刹の開元寺
昔ながらの路地が無数に走る潮州旧城

潮州牌坊街（太平路）潮州牌坊街 cháo zhōu pái fāng jiē チャオチョウパイファンジエ［★★★］

牌坊街（太平路）は潮州旧城でもっともにぎわう通りで、全長 1948m の通りに牌坊が連続するその姿から「牌坊街」と呼ばれるようになった。科挙に合格した人や財をなした人が紀念碑として次々に牌坊を建て、牌坊や旗、扁額を残すことで、科挙の合格や成功を祝い、その面子を立てたことに由来する。潮州の牌坊群の建設は明代からはじまり、明代の牌坊が 18 座、清代の牌坊が 4 座残る。現在の牌坊群は 2009 年に再建されたもので、中国の牌坊街のなかでも、潮州のものが

【地図】旧城南部

【地図】旧城南部の [★★★]
- ☐ 潮州牌坊街（太平路）潮州牌坊街 チャオチョウパイファンジエ
- ☐ 広済橋 广济桥 グゥアンジイチャオ
- ☐ 広済門城楼 广济门城楼 グゥアンジイメンチャンロウ

【地図】旧城南部の [★★☆]
- ☐ 開元寺 开元寺 カァイユゥエンスウ
- ☐ 青龍古廟 青龙古庙 チィンロォングウミィアオ
- ☐ 韓江 韩江 ハァンジィアン
- ☐ 潮州旧城 潮州旧城 チャオチョウジィウチャァン
- ☐ 韓江 韩江 ハァンジィアン

【地図】旧城南部の [★☆☆]
- ☐ 集安善堂 集安善堂 ジィアンシャンタァン
- ☐ 濱江長廊 滨江长廊 ビィンジィアンチャァンラァン
- ☐ 潮州府城墻遺址 潮州府城墙遗址 チャオチョウフウチャンチィアンイイチイ
- ☐ 鳳凰台 凤凰台 フェンフゥアンタァイ

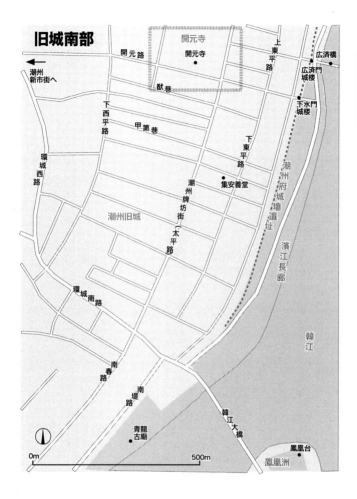

広東省

「天下第一」とされ、潮州八景にもあげられる(潮州旧城には「家柄を誇る名族の多い」「礼儀に厚く、廉恥を重んじてきた」といった記録も残り、粤東の教育文化の中心と知られてきた)。牌坊街の両脇には料理店、雑貨店、食料品、茶の卸売店など、ずらりと店舗がならび、雨をさけるアーケード状の騎楼様式の建築が見られる。

茶どころ潮州

「茶で破産する」と言われるほど、潮州人の茶好きは知られる。茶は古くは中国南方の少数民族のあいだで飲まれていた嗜好

Chaozhou 旧城南部城市案内

▲左　連続する牌坊は潮州名物、牌坊街にて。　▲右　潮州人の茶好きは身を滅ぼすほどだという

品で、唐代に中国各地で広がった。もともとはお茶そのものを飲んだ（食べた）が、明（1368〜1644年）代以降、茶葉のエキスを煎じて飲む習慣になった。また明代、主流の非発酵系「緑茶」に対して、潮州に隣接する福建省を中心に、発酵系の「紅茶」、半発酵系の「烏龍茶」も発明された。福建省南部、潮州や汕頭、台湾では烏龍茶が親しまれ、潮州北郊外の鳳凰山で採取される鳳凰水仙や鳳凰単欉（1本の茶木ごとに製茶を行なう）などの品種が知られる。

CHINA
広東省

潮州工夫茶の作法

工夫茶は「中国でもっとも茶にうるさい」と言われる潮州や汕頭、厦門（閩南）の喫茶方法。急須や小さな杯など「工夫四宝」を使って手間ひまかけて飲む作法で、この工夫茶は明代の江蘇省や浙江省で生まれたが、清代初期に福建省や広東省に遷り、とくに清代中期以後、潮州や汕頭が本場となった。急須にお湯かけ、温まった急須に茶葉を入れて、あふれるほどお湯をそそぐ。お茶のエキスを十分出すように、一番茶、二番茶、三番茶と重ねて、何度も香りや味を楽しむ。急須に茶葉を入れることを「烏龍入宮」、お湯を急須にそそぐこと

▲左　路端の料理店、潮州料理は中華を代表する味。　▲右　騎楼と呼ばれるアーケードが続く

を「玉液回壺」、関羽が巡回するように順番に杯に茶をそそぐことを「関公巡城」、韓信が兵隊を数えるように残り数滴の茶を絞りだすことを「韓信点兵」と呼ぶ。

開元寺 开元寺 kāi yuán sì カァイユゥエンスウ [★★☆]

潮州旧城の中央に位置し、「粤東第一（の仏教寺院）」「広東四大古刹（のひとつ）」にあげられる開元寺。隋唐時代に創建され、当初は荔峰寺と言ったが、唐代（開元年間）の738年、玄宗皇帝による全国に官寺建立にあたって開元寺となった。元代に開元万寿禅寺、明代に開元鎮国禅寺と名前が変わ

【地図】開元寺

【地図】開元寺の [★★★]
- [ ] 潮州牌坊街（太平路）潮州牌坊街
  チャオチョウパイファンジエ

【地図】開元寺の [★★☆]
- [ ] 開元寺 开元寺カァイユゥエンスウ

【地図】開元寺の [★☆☆]
- [ ] 西馬路 西马路シイマアルウ

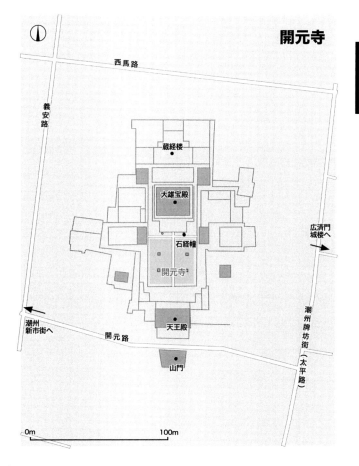

CHINA
広東省

るなど、何度も改修され、現在は「潮州開元鎮国禅寺」を正式名称とする。またこの潮州開元寺は、1924年、權田雷斧が中国で衰退した真言密教を布教するために渡来し、ここで中国人僧侶に受法をして成果をおさめた場所でもある。

潮州開元寺の伽藍

「山門」の内側は、宋代建築を今に伝える「天王殿」、開元寺の中心にあたる「大雄宝殿(大悲殿)」、奥の「蔵経楼」へと続く。とくに黄色の屋根瓦でふかれた大雄宝殿の上部にはこの地方特有の派手な彫像が乗り、前方には高さ5m(八層)

旧城南部城市案内

▲左　開元寺は広東省東部有数の古刹。　▲右　柱には見事な浮き彫りがほどこされている

と高さ7m（二十五層）の石経幢が立つ（のちの『西遊記』につながる猴行者、火龍太子の浮き彫りも見られる）。これら主要建築がならぶ中軸線に対して、東側の「地蔵閣」「斉堂」「不俗精舎」「祖堂」、西側の「観音閣」「六祖堂」「伽藍殿」「諸天閣」が伽藍をつくる。

相互扶助と排他性

潮州語を紐帯とする結束や、同族意識が強く、外部者を寄せつけない排他性といった言葉でも語られる潮州。古くは祭祀で家畜を犠牲とし、莫大な銀が使われるといった迷信的な文

CHINA
広東省

化もあり、教育や医療を相互扶助で行なう宗族社会(同一祖先をあおぐ父系制)が色濃く残っている。くわえて、潮州、漳州、泉州一帯では、異なる宗族同士で武器をとって争い(械闘)、ときには海賊行為を行なうなど、地方官吏にとってはもっともおさめづらい場所でもあった(潮州では中央から派遣された「政府の官吏」と、地元の「同族社会」という二重構造があった)。こうした潮州社会の特徴は、潮州人が華僑として海を渡った先でも、潮州語による連帯、相互扶助の精神で活かされることになった。

Chaozhou　旧城南部城市案内

潮州十大名巷

南北に走る潮州牌坊街の両脇に伸びる細い路地。潮州旧城に残る古い街並みのなかでも、「猷巷」「竃巷」「義井巷」「興寧巷」「甲第巷」「家伙巷」「石牌巷」「辜厝巷」「鄭厝巷」「庵巷」をあわせて潮州十大名巷と呼ぶ。このあたり一帯は、潮汕地方の民居、石畳の路地、牌坊、窓枠や柱にほどこされた伝統工芸など、明清時代の面影を残している。

CHINA
広東省

集安善堂 集安善堂
jí ān shàn táng ジィアンシャンタァン [★☆☆]

集安善堂は近代の潮汕地域で広く展開した相互扶助組織の善堂のひとつで、1886年に創建された。潮州旧城では、集安善堂のほかに、1867年創建の永徳善堂、1896年創建の輔仁善堂が知られ、医療や遺体の回収、身寄りのない人の葬式を行なった。善堂では大峰祖師や呂洞賓、玄天上帝がまつられ、仏教色の強い儀礼をもとにした民間信仰と慈善活動の拠りどころとなっていた（大峰祖師は宋代、潮汕地方の河川に橋をかけて人びとの生活に貢献した人物）。また扶鸞(中国版こっ

▲左　韓江にのぞむ青龍古廟、旧城南門外に位置する。　▲右　いく種類もの新聞が売られていた

くりさん）と呼ばれる降神術が使われることも特徴のひとつで、清朝末期から中華民国前半までの戦乱、飢饉、疫病のなか韓江デルタ各地で善堂が建てられた。

青龍古廟 青龙古庙
qīng lóng gǔ miào チィンロォングウミィアオ ［★★☆］

韓江大橋の西端に立ち、韓江に向かった開放的なつくりの青龍古廟。三国時代の蜀に生きた安済聖王がまつられ、かつては安済聖廟と呼ばれていた（青龍はこのあたりの蛇神信仰と関係があるという）。青龍古廟の廟会は、昔ながらの潮州の

CHINA
広東省

伝統を今に伝えると言われ、莫大な家畜の犠牲や銀錠、香燭がついやされる。北宋(11世紀)時代に創建されたのち、何度も改修され、現在は派手な装飾が見られる黄色の屋根、柱にほどこされた装飾をもつ閩南風の建築となっている。

Guide,
Jiu Cheng Bei Fang
旧城北部
城市案内

CHINA
広東省

潮州牌坊街から路地に入ると
昔ながらの民居
人びとの暮らしぶりが見られる

西馬路 西马路 xī mǎ lù シイマアルウ ［★☆☆］

開元寺の北側を東西に走る西馬路。春巻きや餃子などを出す小吃料理店が集まり、潮州を代表する小吃街となっている。

義安路 义安路 yì ān lù イイアァンルウ ［★☆☆］

潮州旧城を南北に貫き、明代以来、この街の繁華街だった義安路。かつては義安路の北側に潮州府衙門が位置し、それに続く通りだったところから、「府前街」「仙街頭」とも呼ばれていた。

【MEMO】

【地図】旧城北部

【地図】旧城北部の [★★★]
- ☐ 広済門城楼 广济门城楼 グゥアンジイメンチャンロウ
- ☐ 広済橋 广济桥 グゥアンジイチャオ

【地図】旧城北部の [★★☆]
- ☐ 胡栄泉 胡荣泉 フウロォンチュゥエン
- ☐ 海陽県儒学宮 海阳县儒学宫 ハァイヤァンシィエンルウシュエゴォン
- ☐ 開元寺 开元寺 カァイユゥエンスウ
- ☐ 韓江 韩江 ハァンジィアン

【地図】旧城北部の [★☆☆]
- ☐ 西馬路 西马路 シイマアルウ
- ☐ 義安路 义安路 イィアァンルウ
- ☐ 已略黄公祠 已略黄公祠 イィエフゥアンゴォンツウ
- ☐ 許駙馬府 许驸马府 シュウフウマアフウ
- ☐ 北閣仏灯 北阁佛灯 ベイガアフウダァン
- ☐ 西湖公園 西湖公园 シイフウゴォンユゥエン
- ☐ 潮州府城墻遺址 潮州府城墙遗址 チャオチョウフウチャンチィアンイィチイ
- ☐ 天后宮 天后宫 ティエンホォウゴォン
- ☐ 濱江長廊 滨江长廊 ビィンジィアンチャァンラァン

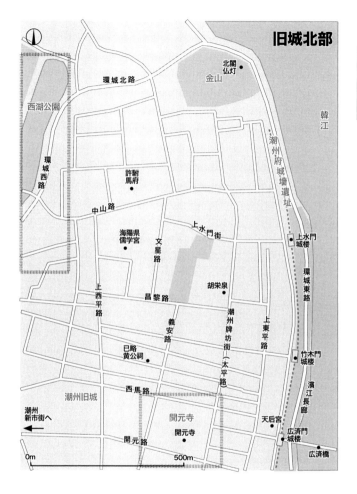

広東省

胡栄泉 胡荣泉
hú róng quán フウロォンチュゥエン ［★★☆］

牌坊街に店を構える潮州を代表する小吃店の老舗、胡栄泉。清朝末期の1911年に胡栄順、胡江泉の兄弟が創業したことに店名は由来し、味のよさが評判となって、中国から外国要人への贈りものとしても重宝されてきた。砂糖水に、餅、蓮の実、ユリ根、白キクラゲ、銀杏、ハトムギの実をあわせた名物「鴨母捻」はじめ、「緑豆餅」「春餅」「素白餅」「腐乳餅」などの点心、もうひとつの看板メニューの雲呑餃子入りスープ「潮州胡栄泉炸餃湯」もよく出ている。

▲左　胡栄泉の看板メニュー、炸餃湯と鴨母捻。　▲右　孔子をまつった海陽県儒学宮

海陽県儒学宮 海阳县儒学宫 hǎi yáng xiàn rú xué gōng
ハァイヤァンシィエンルウシュエゴォン［★★☆］

潮州が海陽県と呼ばれていた時代から続く海陽県儒学宮。学問の神さま孔子をまつる文廟で、創建は宋代の1100年にさかのぼる（潮州には潮州府を構成する海陽県の治所もあった。日本の神戸市に兵庫県庁と神戸市役所があるのと同様の構造）。その後、増改築が続き、「欞星門」から入って伴池、大成門、大成殿へ続く現在の姿になった。周囲を紅壁でめぐらせた伝統的な文廟（孔子廟）の様式をもつ。

広東省

已略黄公祠 已略黄公祠
yǐ è huáng gōng cí イイエエフゥアンゴォンツウ [★☆☆]

已略黄公祠は清代末期の 1887 年に建てられた潮州地方の伝統民居。小ぶりだが四合院がふたつ連なり（奥行き 25.7m）、門楼や室内では見事な石彫や木彫が残っている。とくに大庁天井の木組みでは、草花をあしらった見事な装飾「三五木瓜十八块坯」が見られる（潮州には木彫の伝統があり、2 〜 6 層ある透かし彫り、金箔をはったもの、海老や蟹など身近なものをあしらったものが知られる）。已略黄公祠の中庭には亜熱帯の植物も栽培されている。

許駙馬府 许驸马府
xǔ fù mǎ fǔ シュウフウマアフウ [★☆☆]
葡萄巷に残る許駙馬府は「北宋の皇族」徳安公主駙馬許玨の邸宅（徳安公主が許玨と結婚し、潮州で暮らした）。奥に3つの中庭が連なる四合院様式で、幅42m、奥行き47mの規模となっている。

広東省

北閣仏灯 北阁佛灯
běi gé fú dēng ベイガアフウダァン [★☆☆]

潮州旧城の北東にそびえる金山の東側に展開する北閣仏灯。北閣仏灯という名前は、韓江にのぞみ、往来する船舶に向かって火を灯したことに由来する。金山には官吏の住む子城があり、かつては潮州の府治がおかれていた。また1876年に金山書院が建てられるなど、潮州の学問の中心でもあった。あたりには金山摩崖石刻も位置する。

▲左 ひっそりとした路地に残る已略黄公祠。　▲右 西湖公園では涵碧楼はじめいくつもの景勝地が見られる

西湖公園 西湖公园
xī hú gōng yuán　シイフウゴォンユゥエン [★☆☆]

潮州旧城の北西外側に広がる西湖公園。西湖はかつては韓江とつながっていて、潮州に赴任した韓愈（768～824年）のワニ退治にも登場する。湖のほとりは人びとの憩いの場となっているほか、「寿安古寺」「暁風楼」「潮州動物園」などが位置する。潮州旧城北東側の金山に対して、西湖山は銀山とも呼ばれた。

広東省

涵碧楼 涵碧楼 hán bì lóu ハァンビイロォウ ［★☆☆］

西湖のほとりにのぞみ、中央に紅星をかかげた石づくりの涵碧楼。この建物は1922年に建てられたもので、1925年、国民革命軍が潮州に進出してきたとき、涵碧楼に拠点がおかれた。周恩来がこの涵碧楼で活動を指揮し、やがて蒋介石や周恩来による国民革命軍（東征軍）は広州から北京への北伐を成功させた。また1927年の南昌蜂起にあたって、中国共産党の拠点がおかれたことから、「南昌起義軍三師司令部旧址」とも呼ばれている（中国共産党による初の武装蜂起だったが、国民党軍に鎮圧され、南昌から広東省にしりぞいた）。

旧城北部城市案内

潮州革命烈士紀念碑 潮州革命烈士纪念碑
cháo zhōu gé mìng liè shì jì niàn bēi
チャオチョウガアミィンリエシイジイニィエンベェイ [★☆☆]

西湖公園内、西湖山の北麓に立つ潮州革命烈士紀念碑。1955年に完成し、日中戦争と国共内戦でなくなった人びとをまつる。高さ9mの石碑には「万古長青」の文字と生命を落とした烈士の名前が記されている。1949年の中華人民共和国にあたって、潮州ではこの西湖で解放大集会が開かれた。

【地図】西湖公園

【地図】西湖公園の ［★★☆］
- ☐ 潮州旧城 潮州旧城チャオチョウジィウチャァン

【地図】西湖公園の ［★☆☆］
- ☐ 西湖公園 西湖公園シイフウゴォンユゥエン
- ☐ 涵碧楼 涵碧楼ハァンビイロォウ
- ☐ 潮州革命烈士紀念碑 潮州革命烈士紀念碑チャオチョウガアミィンリエシイジイニィエンベェイ
- ☐ 天主堂 天主堂ティエンチュウタァン

西湖公園

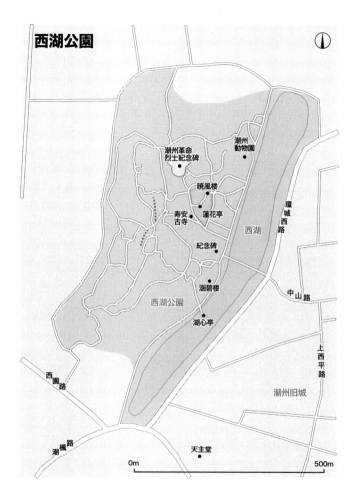

Chaozhou 旧城北部城市案内

CHINA
広東省

天主堂 天主堂 tiān zhǔ táng ティエンチュウタァン [★☆☆]

天主堂は、環城西路に立つ潮州のキリスト教会。潮州のキリスト教布教は1858年の開港後に進んだが、潮州では人びとの反対を受け、西欧人はなかなか家を手に入れられなかった。こうした状況のもと、医療や慈善活動を行なうなかで、1894年にキリスト教宣教師はようやく潮州に拠点を構えた。この天主堂は1904年に完成し、当時は潮州でもっとも高い建物だったという。現在は潮州市中心医院の敷地に位置する。

Guide,
Chao Zhou Xin Cheng
新市街
城市案内

古い路地が走る潮州旧城と
対象的な姿を見せる潮州新市街
夜遅くまで喧騒が続いている

潮州新市街 潮州新城 cháo zhōu xīn chéng
チャオチョウシィンチャァン ［★☆☆］

潮州旧城の西側に広がる潮州の新市街。街路は広く、自動車やバス、バイクが走り、高層ビルも立つ。また食料品や衣料品などをあつかう店舗が集まるのも新市街で、人びとの生活の息づかいであふれる市場も見られる。新市街の街区は韓江にそうようにつくられていて、南西に潮州駅、南15kmに高鉄（中国版新幹線）の潮汕駅が位置する。

【地図】潮州新市街

【地図】潮州新市街の [★★★]
- ☐ 潮州牌坊街（太平路）潮州牌坊街
  チャオチョウパイファンジエ

【地図】潮州新市街の [★★☆]
- ☐ 吉怡路 吉怡路 ジイイイルウ
- ☐ 潮州旧城 潮州旧城 チャオチョウジィウチャァン
- ☐ 開元寺 开元寺 カァイユゥエンスウ
- ☐ 青龍古廟 青龙古庙 チィンロォングウミィアオ
- ☐ 韓江 韩江 ハァンジィアン

【地図】潮州新市街の [★☆☆]
- ☐ 潮州新市街 潮州新城 チャオチョウシィンチャァン
- ☐ 潮楓路 潮枫路 チャオフェンルウ
- ☐ 人民広場 人民广场 レンミィングゥアンチャァン
- ☐ 潮州市博物館新館 潮州市博物馆新馆
  チャオチョウシイボォウウグゥアンシィングゥアン
- ☐ 新橋路 新桥路 シィンチャオルウ
- ☐ 福安路 福安路 フウアンルウ
- ☐ 西湖公園 西湖公园 シイフウゴォンユゥエン
- ☐ 天主堂 天主堂 ティエンチュウタァン

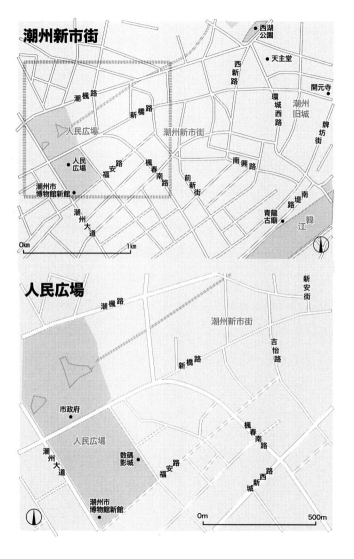

広東省

潮楓路 潮枫路 cháo fēng lù チャオフェンルウ [★☆☆]

潮楓路は潮州東西を結び、アクセス・ポイントの集まる大動脈。高鉄の潮汕駅や汕頭はじめ、広東省、福建省各地と潮州を往来するバスターミナルが位置する。潮州市街を南に出ると、潮楓路は潮汕路と名前を変え、道は汕頭へと続いていく。

人民広場 人民广场 rén mín guǎng chǎng
レンミィングゥアンチャアン [★☆☆]

潮州新市街の中心に位置する人民広場。噴水が見られ、緑地が確保されるなど、人びとの憩いの場となっている。周囲に

は「潮州市政府」「潮州市博物館新館」「数碼影城」といった大型建築がならぶ。

潮州市博物館新館 潮州市博物馆新馆
cháo zhōu shì bó wù guǎn xīn guǎn
チャオチョウシイボォウウグゥアンシィングゥアン［★☆☆］
人民広場の一角に立つ潮州市博物館新館。この新館は2009年に開館し、「華僑史料展」「潮州通史展」「企画展」などが見られる。潮州特産の陶磁器、木彫、民俗、玉器といった収蔵品を特徴とする。

広東省

新橋路 新桥路 xīn qiáo lù シィンチャオルウ ［★☆☆］

潮州旧城と潮州新市街を東西に結び、車やバイク、人の往来のたえない新橋路。潮州のメイン・ストリートとも言える通りで、飲食店、商業店舗、衣料店がずらりとならぶ。旧市街にくらべて、この新橋路界隈は夜遅くまでにぎわう。

吉怡路 吉怡路 jí yí lù ジイイイルウ ［★★☆］

新橋路から南に入った吉怡路では、潮州庶民の暮らしぶりが見られる。潮州庶民の利用する市場となっていて、鶏肉や豚肉、犬肉、魚介類などのもの売りや屋台が出ている。また同様に新

▲左　大型公共施設の集まる人民広場。　▲右　夜の吉怡路、露店が軒を連ねる

橋路をはさんで斜向かいの新安街にも庶民の暮らしぶりがある。

福安路 福安路 fú ān lù フウアンルウ［★☆☆］

潮州新市街から潮州旧城方面へと伸びる福安路。ホテルや潮州料理店がならび、にぎわいを見せる。

潮州系財閥の成功と投資

東南アジアや香港に華僑として進出した潮汕人（潮州人と汕頭人）は当地で成功し、財をなした者も多い。なかでも香港フラワーの工場から不動産、金融へと進出した潮州系の長江

CHINA
広東省

実業は、香港有数の財閥となっている(ほか上環文咸西街の南北行は潮州人でしめられていた)。また潮州からタイへと渡り、1921年に創業した正大荘行は現在、タイを代表するCPグループへと成長をとげた。これら潮州華僑は、1860年に開港した汕頭から船出したが、1978年、中国で改革開放がはじまると、その汕頭に経済特区がもうけられることになった。香港に隣接する「深圳」、台湾の対岸「厦門」、マカオ北側の「珠海」にも同様に経済特区がおかれ、それぞれ隣接する地の資本や制度の導入が進められた。そして、汕頭では東南アジアに進出した潮州華僑の投資が呼び込まれた。

祖传 手工牛肉丸 著名小食

潮州三宝佳业最好

沙茶酱

Guide, Chao Zhou Jiao Qu
潮州郊外城市案内

CHINA 広東省

粤東を東西につらぬく韓江
潮州郊外には少数民族ショオ族の故地で
鳳凰水仙(茶)の産地鳳凰山も位置する

三元塔 三元塔 sān yuán tǎ サァンユュエンタア [★☆☆]

潮州旧城から南東に10kmくだった韓江ほとりに立つ三元塔。明代の1607年、流れが急だったこのあたりの鎮水を願って建てられた(「急水塔」ともいう)。七層八角のたたずまいは同時代に建立された鳳凰塔ともくらべられる。

淡浮院 淡浮院 dàn fú yuàn ダァンフウユュエン [★☆☆]

潮州旧城から東5kmに位置する仏教寺院の淡浮院。華僑を通してつながりの深い潮州とタイを記念して建てられ、静かな硯峰山の山麓に立つ。石牌坊から正殿、碑林へと伽藍は続く。

鳳凰山 凤凰山
fèng huáng shān フェンフゥアンシャン [★☆☆]

潮州旧城の北 30kmにそびえる高さ 1497.8m の鳳凰山。潮州人に親しまれている烏龍茶（鳳凰水仙）が産出されるほか、漢民族進出以前からこの地に暮らすショオ族発祥の地とされる。潮州には鳳凰塔や鳳凰台といった名前の景勝地が残るが、これらはこの鳳凰山に由来する。

【地図】潮州郊外

【地図】潮州郊外の [★★★]
- [ ] 広済門城楼 广济门城楼 グゥアンジイメンチャンロウ
- [ ] 韓文公祠 韩文公祠 ハァンウェンゴォンツウ

【地図】潮州郊外の [★★☆]
- [ ] 韓江 韩江 ハァンジィアン

【地図】潮州郊外の [★☆☆]
- [ ] 三元塔 三元塔 サァンユゥエンタア
- [ ] 淡浮院 淡浮院 ダァンフウユゥエン
- [ ] 鳳凰山 凤凰山 フェンフゥアンシャン
- [ ] 人民広場 人民广场 レンミィングゥアンチャアン

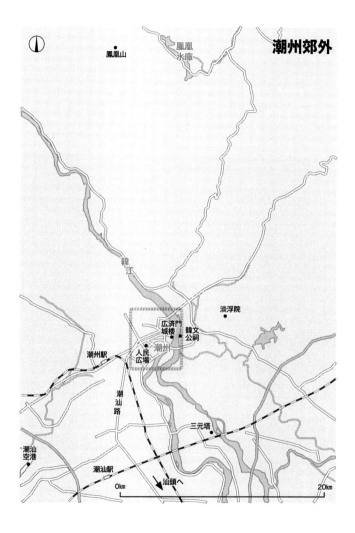

潮州郊外城市案内

CHINA
広東省

ショオ族(畬族)とは

福建省から広東省、浙江省の丘陵地帯にかけて分布する少数民族のショオ族(畬族)。明代以前、鳳凰山麓と潮汕平原には多くのショオ族が暮らしていたが、漢族の南下と南方の漢族化が進むなかで、ショオ族は山間丘陵部へ居住地を移すようになった。古くは客家との関係も指摘されたが、広東にヤオ語を話す人たちが確認され、ショオ族とヤオ族・ミャオ族は同系統だと考えられている。

潮州の
歩み工芸
潮州語

CHINA
広東省

料理や潮州語、潮州から世界へと
広がっていたこの地方の文化
優れた文化や工芸はこうして生まれた

潮州と潮州人のかんたんな歴史

潮州はじめ中国南方には、百越と呼ばれる漢民族とは言語や文化の異なる人びとが暮らしていた。こうしたなか中華統一後の紀元前214年、秦の始皇帝が南方へ進出して嶺南を統治下とし、潮州は南海郡の一部となった（中国の版図に入った）。その後、南京を都とする東晋の331年に街がつくられ、隋の590年、「韓江の潮水が往復する」ことから潮州と名づけられた。続く唐代、宋代になっても、嶺南一帯は漢族と異なる文化や習俗をもつ人たちが多く暮らし、中央から離れた潮州は官吏の左遷地（流刑地）となっていた。またこの時代

Chaozhou 潮州の歩み 工芸 潮州語

から潮州人は華僑として東南アジアへ進出している（宋元交代時には、宋朝の南遷とともに文天祥が潮州山岳部で最期まで戦ったが、五坡嶺で元軍にとらえられている）。明代、それまでこのあたりで最大の港湾都市だった泉州が衰退したこともあって、潮州が台頭し、明清時代には海上交易で潮州人が重要な役割を果たした。とくに清代、中国の人口増に応えるために、タイ米が輸入され、潮州人がそれを一手ににぎっていた。アヘン戦争以後の1858年に潮州の開港が決まり、1860年にその外港として汕頭が開港されると、潮州に代わって汕頭が台頭した。汕頭は潮州人が東南アジアや海外に向

広東省

かって船出する新興の港湾都市となっていた。

潮州文化と伝統工芸

中原の洗練された文化がいち早く伝わり、地元のそれと融合して育まれた潮州文化。祭りや行事で演じられる「潮劇」では、潮州語が使われ、踊りや説唱文学が盛り込まれている(韓愈の潮州左遷時代を舞台にした「韓愈治潮」、南宋の奸臣への復讐を誓う5人の「五子掛帥」、ラブストーリー「三鳳求凰」が代表的な潮劇と知られる)。銅鑼や打楽器などで合奏する「潮州音楽」や「剪紙」「陶磁器」「竹器」「木彫」「石経」など、

▲左　広済橋で知られる潮州は広東省のなかでも一際異彩を放つ。　▲右　胡栄泉の小吃、中国全土に知れ渡る味

潮州の文化や伝統工芸は多岐にわたる。なかでも、潮州の「刺繍」はとくに有名で、女性たちは幼いころから手芸を学び、器用な手先で白糸で山や畝をつくり、金や銀の絹糸で人物や龍や鳳凰、花柄を描いていく。この刺繍は潮州の外港である汕頭から日本に伝わったため、「汕頭刺繍」の名で知られる。

この地方独特の潮州語

潮州、汕頭などの韓江デルタ流域では、潮州語が話され、広東語よりも、厦門や漳州の閩南語に近いという（アルタイ語系を基層とする中国北方言語「漢語」に対して、潮州語や閩

CHINA
広東省

南語はタイ語系を基層とするという)。潮州語や閩南語を母語とする人びとが暮らす地は、山がちで海に面していることから、古くから海洋に進出し、台湾や海南島、雷州半島でも閩南語系の言語分布が見られ、潮州へは、宋(960〜1279年)代、福建漳州から大規模な移民があった。清朝第5代雍正帝(在位1722〜35年)が各省の官吏と謁見したとき、とくに福建省と広東省の官吏の言葉がわかりづらかったため、これらの地に「正音書院」を設置している。清朝末期から北京の標準語である普通語が中国全土で普及しているものの、日常生活では方言(潮州語)が使われている。たとえば「汕頭」

Chaozhou 潮州の歩み 工芸 潮州語

は普通語では「シャァントウ」だが、潮州語では「スワトウ」と発音する。また潮州語は、潮州人の進出した東南アジアのチャイナ・タウンでも親しまれ、バンコクでは潮州語が話されている。

参考文献

『(アジアの街角) 中国・潮州』(鈴木暁彦 / 朝日新聞)

『潮州開元寺大雄宝殿石欄浮彫初探』(佐々木睦 / 人文学報)

『僑郷としての広東省潮州地方の社会地理的考察』(山下清海 / 秋田大学教育学部研究紀要)

『韓愈と鰐の祭り』(Lin Qi/ 大阪女学院短期大学)

『畬族の漢化とアイデンティティ』(瀬川昌久 / 東北大学教養部紀要)

『潮州語概説』(赤木攻 / 大阪外国語大学学報)

『中国広東省潮汕地域の善堂 :- 善挙と救劫論を中心に』(志賀市子 / 茨城キリスト教大学紀要)

『清末、潮州地方における砂糖貿易の展開と地域社会』(宮田道昭 / 山川出版社)

『中国都市の形象』(伊原弘 / 勉誠出版)

『鹿洲公案』(藍鼎元著・宮崎市定訳 / 平凡社)

『中国茶文化』(棚橋篁峰 / 京都総合研究所)

『中国名茶紀行』(布目潮渢 / 新潮社)

潮州市人民政府（中国語）http://www.chaozhou.gov.cn/
中国潮州（中国語）http://wscz.chaozhou.gov.cn/
潮州市韩文公祠（中国語）http://www.czhwgc.cn/
［PDF］潮州STAY（ホテル＆レストラン情報）http://machigotopub.com/pdf/chaozhoustay.pdf
『世界大百科事典』（平凡社）

まちごとパブリッシングの旅行ガイド

Machigoto INDIA , Machigoto ASIA , Machigoto CHINA

【北インド - まちごとインド】

001 はじめての北インド
002 はじめてのデリー
003 オールド・デリー
004 ニュー・デリー
005 南デリー
012 アーグラ
013 ファテープル・シークリー
014 バラナシ
015 サールナート
022 カージュラホ
032 アムリトサル

【西インド - まちごとインド】

001 はじめてのラジャスタン
002 ジャイプル
003 ジョードプル
004 ジャイサルメール
005 ウダイプル
006 アジメール（プシュカル）
007 ビカネール
008 シェカワティ
011 はじめてのマハラシュトラ
012 ムンバイ
013 プネー
014 アウランガバード
015 エローラ
016 アジャンタ
021 はじめてのグジャラート
022 アーメダバード
023 ヴァドダラー（チャンパネール）
024 ブジ（カッチ地方）

【東インド - まちごとインド】

002 コルカタ
012 ブッダガヤ

【南インド - まちごとインド】

001 はじめてのタミルナードゥ
002 チェンナイ
003 カーンチプラム
004 マハーバリプラム
005 タンジャヴール
006 クンバコナムとカーヴェリー・デルタ
007 ティルチラパッリ
008 マドゥライ
009 ラーメシュワラム
010 カニャークマリ
021 はじめてのケーララ
022 ティルヴァナンタプラム
023 バックウォーター（コッラム〜アラップーザ）
024 コーチ（コーチン）
025 トリシュール

【ネパール - まちごとアジア】

001 はじめてのカトマンズ
002 カトマンズ
003 スワヤンブナート

004 パタン
005 バクタプル
006 ポカラ
007 ルンビニ
008 チトワン国立公園

【バングラデシュ - まちごとアジア】

001 はじめてのバングラデシュ
002 ダッカ
003 バゲルハット（クルナ）
004 シュンドルボン
005 プティア
006 モハスタン（ボグラ）
007 パハルプール

【パキスタン - まちごとアジア】

002 フンザ
003 ギルギット（KKH）
004 ラホール
005 ハラッパ
006 ムルタン

【イラン - まちごとアジア】

001 はじめてのイラン
002 テヘラン
003 イスファハン
004 シーラーズ
005 ペルセポリス
006 パサルガダエ（ナグシェ・ロスタム）
007 ヤズド
008 チョガ・ザンビル（アフヴァーズ）
009 タブリーズ
010 アルダビール

【北京 - まちごとチャイナ】

001 はじめての北京
002 故宮（天安門広場）
003 胡同と旧皇城
004 天壇と旧崇文区
005 瑠璃廠と旧宣武区
006 王府井と市街東部
007 北京動物園と市街西部
008 頤和園と西山
009 盧溝橋と周口店
010 万里の長城と明十三陵

【天津 - まちごとチャイナ】

001 はじめての天津
002 天津市街
003 浜海新区と市街南部
004 薊県と清東陵

【上海 - まちごとチャイナ】

001 はじめての上海
002 浦東新区
003 外灘と南京東路
004 淮海路と市街西部
005 虹口と市街北部
006 上海郊外（龍華・七宝・松江・嘉定）
007 水郷地帯（朱家角・周荘・同里・甪直）

【河北省 - まちごとチャイナ】

001 はじめての河北省
002 石家荘
003 秦皇島
004 承徳
005 張家口
006 保定
007 邯鄲

【江蘇省 - まちごとチャイナ】

001 はじめての江蘇省
002 はじめての蘇州
003 蘇州旧城
004 蘇州郊外と開発区
005 無錫
006 揚州
007 鎮江
008 はじめての南京
009 南京旧城
010 南京紫金山と下関
011 雨花台と南京郊外・開発区
012 徐州

【浙江省 - まちごとチャイナ】

001 はじめての浙江省
002 はじめての杭州
003 西湖と山林杭州
004 杭州旧城と開発区
005 紹興
006 はじめての寧波
007 寧波旧城
008 寧波郊外と開発区
009 普陀山
010 天台山
011 温州

【福建省 - まちごとチャイナ】

001 はじめての福建省
002 はじめての福州
003 福州旧城
004 福州郊外と開発区
005 武夷山
006 泉州
007 厦門
008 客家土楼

【広東省 - まちごとチャイナ】

001 はじめての広東省
002 はじめての広州
003 広州古城
004 天河と広州郊外
005 深圳（深セン）
006 東莞
007 開平（江門）
008 韶関
009 はじめての潮汕
010 潮州
011 汕頭

【遼寧省 - まちごとチャイナ】

001 はじめての遼寧省
002 はじめての大連
003 大連市街
004 旅順
005 金州新区

006 はじめての瀋陽
007 瀋陽故宮と旧市街
008 瀋陽駅と市街地
009 北陵と瀋陽郊外
010 撫順

【重慶 - まちごとチャイナ】

001 はじめての重慶
002 重慶市街
003 三峡下り（重慶〜宜昌）
004 大足

【香港 - まちごとチャイナ】

001 はじめての香港
002 中環と香港島北岸
003 上環と香港島南岸
004 尖沙咀と九龍市街
005 九龍城と九龍郊外
006 新界
007 ランタオ島と島嶼部

【マカオ - まちごとチャイナ】

001 はじめてのマカオ
002 セナド広場とマカオ中心部
003 媽閣廟とマカオ半島南部
004 東望洋山とマカオ半島北部
005 新口岸とタイパ・コロアン

【Juo-Mujin（電子書籍のみ）】

Juo-Mujin 香港縦横無尽
Juo-Mujin 北京縦横無尽
Juo-Mujin 上海縦横無尽

【自力旅游中国 Tabisuru CHINA】

001 バスに揺られて「自力で長城」
002 バスに揺られて「自力で石家荘」
003 バスに揺られて「自力で承徳」
004 船に揺られて「自力で普陀山」
005 バスに揺られて「自力で天台山」
006 バスに揺られて「自力で秦皇島」
007 バスに揺られて「自力で張家口」
008 バスに揺られて「自力で邯鄲」
009 バスに揺られて「自力で保定」
010 バスに揺られて「自力で清東陵」
011 バスに揺られて「自力で潮州」
012 バスに揺られて「自力で汕頭」
013 バスに揺られて「自力で温州」

【車輪はつばさ】
南インドのアイラヴァテシュワラ寺院には建築本体に車輪がついていて寺院に乗った神さまが人びとの想いを運ぶと言います。

・本書はオンデマンド印刷で作成されています。
・本書の内容に関するご意見、お問い合わせは、発行元の
　まちごとパブリッシング info@machigotopub.com までお願いします。

まちごとチャイナ
広東省010潮州
～名菜と茶 嶺南の「華都」[モノクロノートブック版]

2017年11月14日　発行

著　者	「アジア城市（まち）案内」制作委員会
発行者	赤松　耕次
発行所	まちごとパブリッシング株式会社 〒181-0013　東京都三鷹市下連雀4-4-36 URL http://www.machigotopub.com/
発売元	株式会社デジタルパブリッシングサービス 〒162-0812　東京都新宿区西五軒町11-13 清水ビル3F
印刷・製本	株式会社デジタルパブリッシングサービス URL http://www.d-pub.co.jp/

MP124

ISBN978-4-86143-258-3 C0326　　　　Printed in Japan
本書の無断複製複写（コピー）は、著作権法上での例外を除き、禁じられています。